FUERZA Y MOVIMIENTO
en el trabajo

Shirley Duke

Rourke
Educational Media

rourkeeducationalmedia.com

www.rourkeeducationalmedia.com

PHOTO CREDITS: Cover: © Barbara Helgason; Title Page: © Viatcheslav Dusaleev; Pages 2,3: © Agsandrew, Page 4,5: © Goldmund, Shane Quentin; Page 5: © Jakub Krechowicz, Jstudio; Page 6: © gmnicholas, Tito Lessi; Page 6,7: © Ronald Van Der Beek; Page 7: © Wikipedia; Page 8: © Raycat, Chris Fisher; Page 8,9: © Fernando Rodrigues, Adventtr; Page 10: © Merzavka, ermingut; Page 10, 11: © Goldmund; Page 11: © Paul Fleet; Pages 12,13: © Goldmund, Sashkinw; Page 14: © Soldeandalucia; Page 14,15: © Goldmund; Page 15: © KrivosheeV; Page 16: © Juriah Mosin; Page 16,17: Goldmund; Page 17: © Teri Intzegian; Page 18,19: © Brad Thompson, Goldmund; Page 20: © VLIET; Page 20,21: © Goldmund; Page 21: © Nutthawit Wiangya, Jim Mills, Frederic Prochasson, Elena Elisseeva, Melissa King, Sandra Cunningham, Suzanne Tucker, ensup; Page 22: © natulrich, Roxana Gonzalez, Songquan Deng, Vereshchagin Dmitry, Songquan Deng, Joao Virissimo; Page 22,23: © Goldmund; Page 23: © Ratchanida Thippayos, Narcis Parfenti, Craig Barhorst, Gevorg Gevorgyan, Denis Babenko; Page 24,25: © Goldmund; Page 25: catscandotcom, YinYang; Page 26: © rocketegg, Page 27: © Goldmund; Page 27: © ActionPics; Page 28: © nem0fazer; Page 28,29: © Goldmund; Page 29: © ZU09, Teri Intzegian; Page 30: © Cynthia Farmer, Edgaras Kurauskas; Page 30,31: Tom Schmucker; Page 31: © Alejandro Duran, Vanillaechoes; Page 32: © Konstik, Yuri Arcurs; Page 32,33: © Goldmund; Page 33: © Jabiru; Page 34: © Aeronaut88; Page 34,35: Goldmund; Page 35: © Blueee; Page 36: © Seesea; Page 36,37: © Goldmund; Page 37: © Teri Intzegian; Page 38: © Martin Applegate, Kenneth Topp, Nuttakit, Page 38,39: © Goldmund; Page 39: © Roman Borodaev, Sergey Suhanov, Sergey Nivens, Oleksiy, Michael Goffin, Andrjuss Soldatovs; Page 40: © Maliketh, Goldmund; Page 41: © Jun Samson, Anteromite, Sweet; Page 42,43: © Goldmund; Page 43: © Valery Kharitonov, Olga Khoroshunova, 66North; Page 44: seamartini, Daniel Korzeniewski, srebrina, Sally Wallis; Page 44,45: © hypermania2; Page 45: © Martin, rusta Machin, ramblingman, freeteo; Page 46,47: © Goldmund

Edited by Precious McKenzie

Cover design and page layout by Teri Intzegian
Editorial/Production services in Spanish
by Cambridge BrickHouse, Inc.
www.cambridgebh.com

Duke, Shirley
Fuerza y movimiento en el trabajo / Shirley Duke.
ISBN 978-1-63155-079-9 (hard cover - Spanish)
ISBN 978-1-62717-300-1 (soft cover - Spanish)
ISBN 978-1-62717-506-7 (e-Book - Spanish)
ISBN 978-1-61741-990-4 (soft cover - English)
Library of Congress Control Number: 2014941390

Also Available as:
ROURKE'S
e-Books

Rourke Educational Media
Printed in the United States of America,
North Mankato, Minnesota

Rourke
Educational Media

rourkeeducationalmedia.com

customerservice@rourkeeducationalmedia.com • PO Box 643328, Vero Beach, Florida 32964

Contenido

CAPÍTULO UNO

Fuerzas invisibles

¡Súbete a una montaña rusa y sujétate bien! Sentirás tirones y sacudidas hasta la cima de la cuesta. Te quedas inmóvil un segundo antes de lanzarte cuesta abajo en una caída que contrae tu estómago de la emoción. Los giros hacen que des bandazos. Una parada súbita **fuerza** a todos a moverse hacia atrás. Termina el recorrido.

La emoción de un paseo en la montaña rusa se debe a distintas fuerzas que actúan sobre tu cuerpo a medida que el vagón cambia la dirección y la velocidad conque se mueve.

Todos estos movimientos son fuerzas. Las fuerzas son acciones que inician, detienen o cambian la forma o el movimiento de un cuerpo. Los científicos de la antigüedad, llamados **filósofos naturalistas**, notaron los patrones de movimiento entre el Sol y la Luna y el cambio de las estaciones. Se hicieron preguntas y trataron de explicar su mundo.

Galileo hizo estudios sobre el movimiento a finales del siglo XVI. Dejó caer objetos de diferentes pesos desde un edificio. Descubrió que los objetos caían a la misma velocidad. Hasta entonces, la gente creía que las cosas pesadas caían más rápido que las más ligeras. El descubrimiento de Galileo molestó a las comunidades científicas y religiosas.

$$\frac{F}{ma} = \frac{F}{ma}$$

FUERZA
= Masa x Aceleración

F: fuerza resultante medida en Newtons (N)
m: masa medida en kilogramos (kg)
a: aceleración medida en metros por segundo cuadrado (m/s^2)

¿Estaba equivocado Galileo?

Galileo dejó caer dos objetos desde una torre. Trata de dejar caer un libro y una hoja de papel. ¿Llegan al suelo al mismo tiempo? No. ¿Estaba equivocado Galileo? ¡Por supuesto que no! Una hoja de papel le hace más **resistencia** al aire. Eso hace que su caída sea más lenta. Los objetos pesados no están tan afectados por la resistencia al aire como los objetos ligeros. Si haces el experimento al vacío, donde no hay aire, verás que ambos llegan al suelo al mismo tiempo.

Intenta hacer el experimento otra vez. Esta vez, coloca el papel en la parte superior del libro. Déjenlos caer. ¿Caen a la misma velocidad? El libro elimina la resistencia del aire. Deben chocar con el suelo al mismo tiempo.

Sir Isaac Newton estudió la naturaleza a finales del siglo XVII. Se preguntó por qué la Luna se movía y no caía hacia la Tierra. Él sabía que cuando los objetos caían, siempre llegaban al suelo.

Newton creía que la misma fuerza que atraía a los objetos hacia abajo podría ser la que atrajera a la Luna. Definió a esta fuerza como **gravedad**, la fuerza invisible que mantiene unido al universo. Las leyes del movimiento y la fuerza de gravedad de Newton vinieron de su interés por la Luna.

Newton dijo que todos los objetos tienen **masa**. La masa es la cantidad de materia que hay en un objeto. La masa permanece igual. Todo lo que tiene masa ejerce una fuerza de atracción sobre otro objeto. Las masas pequeñas ejercen menos fuerza, por lo que casi no se notan.

Isaac Newton
1643-1727

La masa es diferente del peso. El peso de una persona se define como la fuerza de atracción entre la persona y la Tierra en un lugar del universo. El peso puede cambiar, dependiendo de la ubicación de la persona.

En la Tierra, una persona tiene una cantidad de masa determinada. Su peso se determina en libras (o kilos) y cambiará si se aleja de la Tierra. En la Luna, esa misma persona tiene la misma masa, pero su peso es menor. La Luna, al ser de menor tamaño, ejerce menos fuerza gravitacional sobre la masa de la persona. La masa de la Luna es menor, así que su fuerza gravitacional es menor.

La gravedad existe entre todos los cuerpos del universo. Un cuerpo con mayor masa ejerce una fuerza mayor.

¿Cuál sería tu peso en otros cuerpos del espacio?

¿Alguna vez te has preguntado cuál sería tu peso en Marte o en la Luna?

Esta es tu oportunidad para averiguarlo. Si pesas aproximadamente 100 libras (45,5 kilogramos) en la Tierra, observa lo que pesas sobre diferentes objetos en el espacio.

LUNA

TU PESO ES
16 lb. (7.3 kg)

SOL

TU PESO ES
2,707 lb. (1,230.5 kg)

TIERRA

TU PESO ES
100 lb. (45.5 kg)

MARTE

TU PESO ES
38 lb. (17.3 kg)

Los planetas con grandes masas tienen una fuerte atracción gravita-
toria. La fuerza que una persona ejerce sobre un planeta es pequeña. La
enorme masa de un planeta mantiene a las personas sobre su superficie.

Los cuerpos distantes ejercen menos fuerza gravitacional. El Sol
está demasiado lejos para atraer a las personas hacia él. Los cuerpos
pequeños ejercen menos fuerza. Por eso es que las personas no caen
hacia otras personas.

Las ideas de Newton introdujeron la ciencia de la **mecánica**. La
mecánica es el estudio de las fuerzas y el movimiento. La misma fuerza
que atrae los objetos hacia la Tierra, también tira de las cosas en el
espacio. La Luna se alejaría en línea recta sin la gravedad de la Tierra.

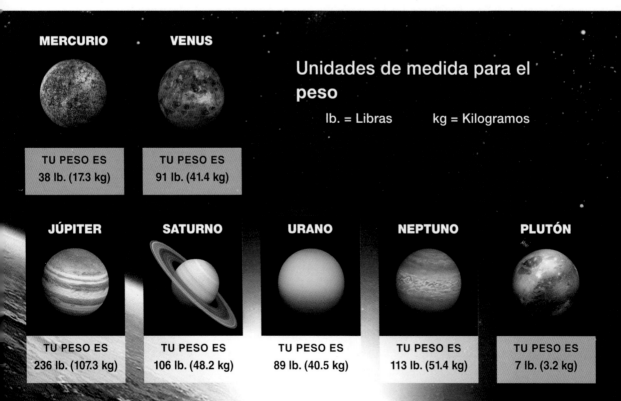

MERCURIO · VENUS

Unidades de medida para el peso

lb. = Libras   kg = Kilogramos

TU PESO ES
38 lb. (17.3 kg)

TU PESO ES
91 lb. (41.4 kg)

JÚPITER   SATURNO   URANO   NEPTUNO   PLUTÓN

TU PESO ES
236 lb. (107.3 kg)

TU PESO ES
106 lb. (48.2 kg)

TU PESO ES
89 lb. (40.5 kg)

TU PESO ES
113 lb. (51.4 kg)

TU PESO ES
7 lb. (3.2 kg)

Los imanes crean otra fuerza invisible. El movimiento de cargas eléctricas crea un campo magnético. Esta fuerza atrae materiales como el hierro. Algunos materiales son naturalmente magnéticos. Otros materiales se vuelven magnéticos cuando se les transfieren las cargas de otro imán

Los imanes tienen polos norte y sur. Las cargas eléctricas se alinean en el imán para formar los polos. Los polos iguales se repelen y los polos opuestos se atraen.

La fuerza magnética de los imanes proviene del pequeño movimiento en los átomos del material magnético.

La electricidad crea un campo magnético cuando las partículas cargadas fluyen por el alambre de cobre enrollado en el hierro. Este es un **electroimán**. Quita la corriente, y el hierro ya no es un imán.

La Tierra crea un campo magnético de su núcleo de hierro fundido. Las fuerzas son más fuertes en los polos. Las manchas solares también causan campos magnéticos.

Un electroimán es fácil de hacer. Todo lo que necesitas es una batería, cable aislado de cobre y algo de hierro, como un clavo. Después de hacer tu electroimán, pruébalo para ver si funciona.

Einstein demostró que los objetos más pesados deforman el espacio, haciendo que los objetos con masas más pequeñas se deslicen hacia la depresión en lugar de viajar por el espacio.

La famosa ecuación de la relatividad de Albert Einstein dice que la materia hace que el espacio se curve. Él vio el tiempo y el espacio como una corriente que fluye. Este flujo se dobla si un objeto lo perturba. Las masas más grandes cambian la forma del espacio. Esto perturba a las masas pequeñas y las mueve hacia las más grandes. Sin embargo, esto ocurre solo cerca de la velocidad de la luz.

Einstein identificó las fuerzas ejercidas por los átomos. Las llamó **fuerzas nucleares**. Ahora los científicos usan los primeros estudios sobre el movimiento y las ideas de Einstein para ayudar a explicar los movimientos y las fuerzas en la Tierra y el espacio.

11

CAPÍTULO DOS

Las leyes del movimiento

Sir Isaac Newton estudió también el movimiento. Se dio cuenta de que las cosas en movimiento se comportan de ciertas maneras. Dictó tres leyes para describirlas.

La primera ley de Newton

La primera ley del movimiento dice que un cuerpo en reposo tiende a quedarse en reposo y uno en movimiento tiende a quedarse en movimiento, a menos que actúe sobre él una fuerza exterior. Para cambiar, una fuerza exterior debe empujar o tirar del objeto para hacerlo moverse o detenerse.

La tendencia de un objeto a mantenerse en movimiento o quedarse en reposo se llama **inercia**. Si una pelota rueda calle abajo, su tendencia es seguir rodando. Si choca con una piedra, la fuerza de la pelota da contra la fuerza en reposo, o la roca. La pelota se detiene o cambia de dirección debido a la fuerza.

La fuerza de la pelota que golpea los bolos depende de la masa de la pelota multiplicada por la aceleración, o de con cuánta fuerza se lanza. Esto es un ejemplo de la segunda ley de Newton.

Un balón en el suelo debe tener una fuerza dirigida hacia él para empezar a moverse. Sin una fuerza, la inercia lo mantiene quieto. Una fuerza debe acelerarlo, cambiando la velocidad o la dirección en que se mueve.

Un balón rodante no sigue rodando para siempre, incluso sin que choque con algo. Se detiene porque hay fuerzas que actúan sobre él para detenerlo. La fricción es una fuerza ejercida por dos objetos que se mueven y cuyas superficies están en contacto. Todas las superficies tienen protuberancias y salientes diminutos. Estas protuberancias y salientes hacen resistencia al movimiento. Los objetos chocan con las protuberancias y aminoran su velocidad. Así que el balón se detiene. Esto es debido a la fricción que actúa sobre él.

Sin fricción, este balón de fútbol rodaría para siempre después que lo patearas.

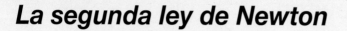

La segunda ley de Newton

La segunda ley del movimiento da una fórmula para la aceleración. La segunda ley de Newton establece que la fuerza (F) que se necesita para acelerar un objeto es igual a la masa del objeto (m) multiplicada por la aceleración (a). La fórmula se escribe como: F = m x a. Cuanto más grande es el objeto, más difícil es conseguir que se mueva. Se necesita más fuerza para acelerar algo grande, como un automóvil, que para mover un balón de fútbol.

El carro de Sonia, que pesa 2,204 lb. (1,000 kg), se ha quedado sin combustible. Sonia y sus amigos están tratando de empujar el coche hasta una gasolinera. Hacen que el carro vaya a 0.05 mph (0.08 km/h). Usando la segunda ley de Newton, ¿puedes calcular cuánta fuerza se le aplica al auto?

La tercera ley de Newton

Un objeto con más masa tiene más resistencia. La resistencia se opone a las fuerzas exteriores que actúan sobre el objeto. Empuja una pelota de tenis. Luego, empuja una bola de bolos. La misma fuerza actúa sobre ambas. La pelota de tenis es más fácil de empujar. Tiene menos masa que la bola de bolos. La masa mayor de la bola de bolos hace que se necesite más fuerza para moverla.

La tercera ley de Newton trata sobre las fuerzas como acciones y reacciones. Esta ley dice que para cada acción que sucede hay una reacción igual y opuesta. El retroceso, el empuje hacia atrás después de una acción, muestra esta tercera ley.

Mientras más hacia atrás se hale la flecha, mayor distancia recorrerá. Esta es la tercera ley de Newton en acción.

Cuando se dispara un cañón y la bala del cañón sale hacia adelante, la fuerza del disparo empuja hacia atrás el cañón. En el pasado, los cañones de los barcos estaban montados sobre ruedas. La razón por la que el cañón no se iba hacia atrás, fuera del barco, como lo hacía la bala hacia adelante, era porque la masa del cañón era mayor que la de la bala. La fuerza que mueve al cañón hacia atrás es igual a la fuerza con la que sale la bala.

Otra manera de comprobar el retroceso es en un cohete. El combustible en un cohete empuja hacia abajo a una fuerza específica. La misma cantidad de fuerza del combustible que se quema empuja al cohete hacia el espacio.

Las explicaciones de Newton sobre la gravedad y el movimiento mejoraron el pensamiento científico. Pero él no escribió sobre la energía. En años posteriores, otros científicos estudiaron la energía.

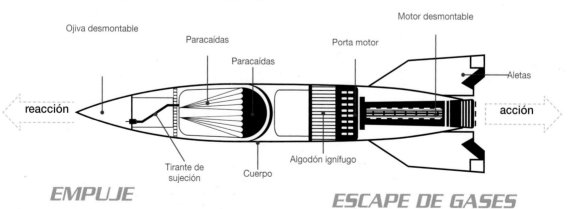

¿DE QUÉ ESTÁ COMPUESTO UN MODELO DE COHETE?

Ojiva desmontable
Paracaídas
Paracaídas
Porta motor
Motor desmontable
Aletas
reacción
acción
Tirante de sujeción
Cuerpo
Algodón ignífugo

EMPUJE
ESCAPE DE GASES

Por cada acción hay una reacción igual en sentido opuesto.

CAPÍTULO TRES

Energía y movimiento

La energía es la capacidad o el potencial para provocar un cambio. La energía mide cuánto **trabajo** hace un objeto cuando actúa sobre otro. Imagina un balón de fútbol en la hierba. Tiene energía porque puede hacer un trabajo si una fuerza lo empuja por el terreno.

La energía no se crea ni se destruye, solo se transforma. La ley de conservación de la energía afirma que ninguna energía se pierde cuando se convierte o cambia de forma.

Antes de que el balón sea pateado, posee energía potencial. Una fuerza debe actuar sobre él para hacerlo adquirir energía cinética.

Energía cinética - Electromagnética

La energía electromagnética es la radiación de ondas y partículas. Incluye ondas de luz visible, rayos X, rayos gamma, ondas de radio, radiación ultravioleta, radar y microondas. Viajan en dirección lateral. Cada tipo de energía provoca acciones distintas.

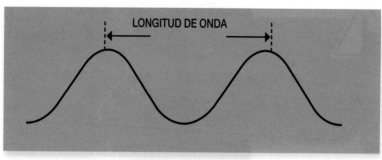

LONGITUD DE ONDA LARGA

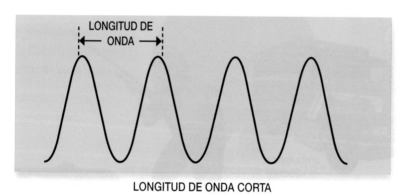

LONGITUD DE ONDA CORTA

Las ondas de radio son las más largas: 300 pies (91,44 metros), la longitud de un terreno de futbol. Las microondas son aproximadamente del tamaño de un insecto. La luz visible y la infrarroja son tan pequeñas que no pueden considerarse como ondas. Los rayos X y las ondas gamma alcanzan tamaños atómicos.

Energía cinética - Calor

La energía térmica es la energía que se transfiere por medio de partículas en movimiento. La energía térmica es el calor. Incluye la energía geotérmica proveniente del interior de la Tierra.

Einstein demostró que la masa puede ser una forma de energía. Pero esto ocurre a la velocidad de la luz. ¡La mayoría de los cambios no ocurren tan rápido!

Las aguas termales están formadas por agua sobrecalentada que viene desde lo profundo de la Tierra. El color de las aguas termales proviene de microorganismos llamados termófilos, que les gusta el calor.

Energía cinética - Movimiento

La energía del movimiento está en los objetos en movimiento. La energía es liberada cuando el objeto se hace más lento. El viento es un ejemplo de energía del movimiento. Un accidente de auto es otro ejemplo. La energía es liberada cuando un auto choca contra algo.

Este auto estaba usando energía del movimiento hasta que se estrelló contra algo. ¿Puedes describir lo que pasó después del accidente?

Propiedades de la energía y el trabajo

La energía no solo cambia de forma, sino que se mueve constantemente. La mayoría de estas formas se transmiten por las partículas en las ondas. Las ondas de luz visible son los colores del arcoíris. Las ondas que no se pueden ver también pueden mover energía. Los rayos ultravioletas pueden quemar nuestra piel, pero sus ondas son demasiado cortas para que las podamos ver.

El trabajo requiere energía. El trabajo es la cantidad de energía que requiere una fuerza para cambiar algo. El trabajo es igual a la fuerza ejercida sobre el objeto, multiplicada por la distancia.

Piensa en empujar un estante de libros. Si alguien empuja un estante de libros y no logra moverlo, no realizó trabajo. La persona que empuja puede cansarse, pero debe mover el estante para que este movimiento sea considerado trabajo.

Cada día, las personas utilizan energía y cambian su forma para hacer un trabajo. Pero otras fuerzas actúan sobre el movimiento y la energía. ¿Qué pueden hacer las fuerzas?

trabajo = fuerza x distancia

¿Cuántos tipos diferentes de trabajo están haciendo en esta imagen? ¿Qué pasaría si el jugador con el número 50 tumbara al jugador que tiene el balón?

CAPÍTULO CUATRO

Cambios en la fuerza y en el movimiento

La fricción es una fuerza que se opone al movimiento. Esta resistencia cambia la energía mecánica en energía calórica. La fricción dificulta realizar trabajo. También es un problema presente en las máquinas. Las distintas partes entran en contacto unas con otras y esto causa que se sobrecalienten y se desgasten.

Los lubricantes como el aceite y la grasa disminuyen la fricción. Hacen más lisas las superficies. Las cajas de bola también reducen la fricción. Solo una pequeña parte del rodamiento circular toca la parte movible en todo momento. Los hidrodeslizadores se deslizan sobre el agua en un colchón de aire que reduce la fricción.

Fuerza de empuje

Movimiento

Fricción

La fricción ayuda a la gente a pegarse o agarrar el suelo cuando caminan. Caminar sobre el hielo reduce la fricción. Sin fricción, es difícil caminar. La escritura también requiere de fricción. Los lápices deben frotarse contra el papel para hacer una marca. La fricción ayuda a encender una cerilla. Los neumáticos de los carros se pegan al suelo en las curvas.

La fricción en el aire se llama resistencia del aire. La **aerodinámica** estudia cómo fluye el aire. Los autos de carrera están diseñados para que el flujo de aire pase sobre ellos, se reduzca la fricción y puedan viajar más rápido. Las formas de las alas de los aviones sustentan al avión en el aire. Para elevarse, el aire debe girar. La parte curva del ala hace que el aire gire.

Principio de Bernoulli

Daniel Bernoulli
1700-1782

El principio de Bernoulli ayuda a explicar la sustentación, o por qué los aviones vuelan. La curva en la parte superior del ala hace más rápido el flujo de aire sobre el ala creando baja presión. El aire debajo del ala se mueve más lentamente y crea una presión alta. Esto crea una fuerza de sustentación.

SECCIÓN TRANSVERSAL DEL ALA DE UN AVIÓN

Aire veloz= baja presión (sobre el ala)
Aire lento = alta presión (bajo el ala)

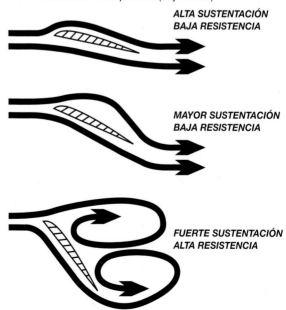

ALTA SUSTENTACIÓN
BAJA RESISTENCIA

MAYOR SUSTENTACIÓN
BAJA RESISTENCIA

FUERTE SUSTENTACIÓN
ALTA RESISTENCIA

La aerodinámica está presente en lugares inesperados. Las bicicletas aerodinámicas reducen la fricción para los ciclistas. Los soportes de la bicicleta se curvan para mejorar el flujo de aire. Los neumáticos especiales reducen la fricción del aire.

Un lanzador hace girar una pelota de béisbol para cambiar la dirección de la bola cuando llegue al plato. Las pelotas de playa, los cometas y los cohetes utilizan la aerodinámica para moverse en el aire. La fricción en el agua se denomina arrastre. Cuando los barcos se mueven en el agua arrastran agua con ellos, esta agua choca contra el agua que está a su alrededor creando fricción. La fricción aumenta si la velocidad del barco aumenta. Los barcos con formas aerodinámicas reducen el arrastre. Los nadadores reducen la fricción usando trajes de baño aerodinámicos. Algunos incluso se afeitan el pelo para reducir el arrastre.

¡Cada segundo cuenta en los Juegos Olímpicos!

¿Ves el giro de la pelota?

El casco o parte de abajo de un barco se construye según el uso del barco. Un casco en forma de V corta el agua y permite navegar mejor por aguas turbulentas.

El agua es densa y cualquier movimiento causa arrastre. Alinea el cuerpo y evita chapotear al nadar.

Cuando un lanzador tira una pelota de béisbol, el giro desvía la pelota. Esto crea una fuerza en el aire que se está moviendo alrededor de la pelota. Dependiendo de la forma en que gira la pelota, se reduce la presión por encima o por debajo de esta. Esto mantiene al bateador sobre ascuas porque debe notar el giro para saber cómo se moverá la pelota. Un giro hacia la derecha levanta la pelota. Un giro hacia la izquierda la baja.

La presión también cambia las fuerzas ejercidas sobre un área. Los pies se hunden en la nieve profunda porque son pequeños. Ponte esquíes y permanecerás sobre la nieve. El área de los pies es ahora más grande. La presión se extiende para que los pies no se hundan tan fácilmente. El agua también ejerce presión. Esta crece a medida que el agua es más profunda. El peso del agua aumenta la presión.

la gravedad es la fuerza que empuja la masa del esquís pendiente abajo. Los esquiadores le ponen cera a los esquíes para reducir la fricción e ir más rápido.

Una fuerza puede acelerar o **desacelerar** un objeto o cambiar su dirección. La velocidad también tiene energía. Cuanto más rápido va un objeto en movimiento, más energía tiene. Si un auto choca contra otro, la energía cinética de la velocidad se transforma en energía térmica, mecánica y sonido. Esos cambios y daños son proporcionales a la velocidad en que iba el coche cuando chocó con el otro.

La fuerza de la embarcación es mayor que la que aplica la esquiadora, por eso puede levantarla fuera del agua.

La **fuerza centrípeta** actúa sobre un objeto halándolo hacia el centro. Piensa en una montaña rusa pasando por un bucle. La energía del movimiento intenta mantener los vagones rectos. Pero si el camino hace un lazo, los coches se ven obligados a entrar en un círculo. La velocidad a la que va la montaña actúa como la fuerza centrípeta para mantener a los pasajeros dentro de los coches. Si la montaña no fuera lo suficientemente rápida, los pasajeros se caerían.

inercia

Fuerza centrípeta

La fuerza de gravedad es la fuerza centrípeta que mantiene a los planetas moviéndose en órbitas circulares. La fuerza contraria se llama **fuerza centrífuga**. En realidad no es una fuerza. Es la inercia. Los cuerpos de los pasajeros tratan de mantener su movimiento rectilíneo. Ellos sienten cómo sus cuerpos se resisten a los efectos del movimiento mientras giran. Las cadenas no les permiten seguir moviéndose en línea recta.

En este aparato, los cuerpos intentan seguir en línea recta debido a la inercia, pero la fuerza de las cadenas cambia la dirección del movimiento.

La elasticidad es la propiedad que hace que un objeto o material vuelva a su forma original después de ser estirado o deformado.

La fuerza también actúa sobre los objetos de otras maneras. Los materiales resistentes como las rocas y los metales se pueden **deformar**. Se doblan, se estiran o se aplanan bajo alta presión o calor. Otros materiales se deforman fácilmente. La goma o el plástico se pueden doblar y estirar aplicando poca presión.

Algunos materiales deformables mantienen su forma después de ser deformados. Los lentes se estiran para adaptarse a la cara del usuario. Las pulseras Silly Bandz que usan los niños se estiran para adaptarse al tamaño de sus muñecas, pero vuelven a su forma original cuando se las quitan. Los materiales que se deforman solo pueden ser estirados o doblados hasta un límite. Si se aplica demasiada tensión se romperán.

CAPÍTULO CINCO

¿Cómo funciona la energía?

Las personas ponen **fuerzas** a su disposición cuando usan máquinas. Girar el pomo de una puerta puede no parecer trabajoso. Pero la fuerza de torción hace girar el pomo una distancia pequeña. Eso hace más fácil el trabajo de abrir una puerta. Cada día, la gente usa máquinas para hacer el trabajo con más facilidad.

La máquinas nos ayudan de dos maneras. Algunas cambian la cantidad de fuerza necesaria. Otras cambian la dirección o la distancia de la fuerza. El trabajo se hace más fácil porque se ejercen fuerzas más pequeñas sobre distancias más largas.

La palanca en esta bomba aumenta la fuerza ejercida y la polea cambia la dirección de la fuerza.

Máquinas simples

PLANO INCLINADO

CUÑA

TORNILLO

PALANCA

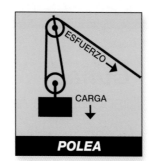

POLEA

RUEDA Y EJE

Máquinas simples - El plano inclinado

Entre las máquinas simples se incluyen el plano inclinado, la cuña, el tornillo, la palanca, la polea, la rueda y el eje. Imagínate que quieres levantar un coche a una plataforma alta. Es demasiado pesado para levantarlo con las manos. Si usas una rampa facilitas el trabajo. Una rampa es un plano inclinado, o una superficie plana con un extremo más alto. Esta máquina reduce la cantidad de fuerza necesaria para levantar cosas. Si la rampa es más larga, disminuye la inclinación que debe tener. La diferencia es que el coche debe moverse una distancia más larga. Es más fácil mover el auto, pero tienes que moverlo más lejos. Las montañas rusas, las escaleras, las escaleras de mano, los camiones de volteo y las hélices de barco son todos planos inclinados. También lo son los parabrisas de los carros y los embudos.

Cuña   Tornillo   Palanca

Máquinas simples - Cuñas

Una cuña es un plano inclinado que se mueve. Se compone de dos planos inclinados unidos por la parte posterior. Para cortar un tronco, levantamos el hacha, que es una cuña, y la hacemos caer con fuerza. La parte más delgada de la cuña corta o divide la madera. Observa una llave. Los bordes son una serie de cuñas. Cada cuña en la llave golpea un perno en la cerradura para abrirla. Una cremallera utiliza cuñas para cambiar una pequeña fuerza en una mayor. Los dientes de la cremallera se endientan y una cuña permite bloquear o desbloquear los dientes con poco esfuerzo.

Máquinas simples - Tornillos

Un tornillo es un plano inclinado enrollado en espiral alrededor de un núcleo central. Esto permite a una fuerza de giro reducido actuar sobre una distancia larga. Los grifos, bombillas y tapas de frascos utilizan el tornillo para abrir y cerrar. Las aspas del ventilador eléctrico, los taladros y la tuerca y el perno funcionan usando las crestas en un tornillo, llamadas hilos.

Máquinas simples - Palancas

Una palanca ayuda a levantar cargas pesadas utilizando la menor cantidad de esfuerzo. Una palanca es una barra rígida que se mueve alrededor de un punto de apoyo llamado fulcro. La palanca se apoya en el fulcro, que carga el peso. Las palancas están agrupadas según la posición de las fuerzas y el fulcro. Mientras mayor sea el brazo de la palanca menor fuerza se necesita para mover la carga, pero la distancia que recorre la carga es mayor. Tiras o empujas la palanca para aumentar la fuerza.

Tres clases de palanca

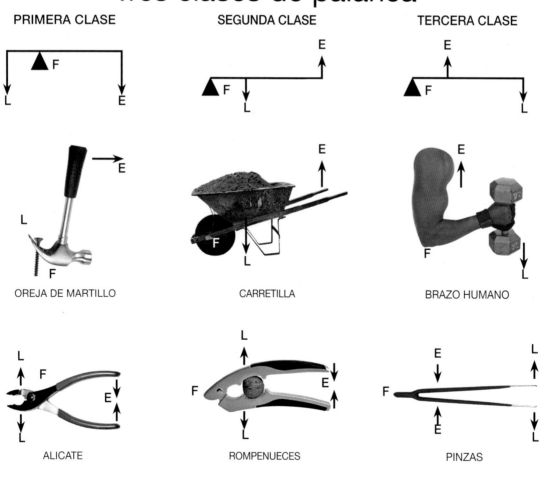

PRIMERA CLASE

SEGUNDA CLASE

TERCERA CLASE

OREJA DE MARTILLO

CARRETILLA

BRAZO HUMANO

ALICATE

ROMPENUECES

PINZAS

{ CLAVE: E = ESFUERZO
F = FULCRO
L = CARGA }

Máquinas simples - Poleas

Una polea es una cuerda o correa puesta alrededor de una rueda. Una polea cambia la cantidad de fuerza o la dirección de una fuerza. Las poleas pueden fijarse a un lugar. Una polea fija cambia la dirección de la fuerza.

Un asta posee una polea fija. Al tirar hacia abajo, la bandera, o la carga, se mueve hacia arriba. Una polea móvil se conecta a la carga para que pueda sostener o soportar la carga que mueve. Dos ejemplos de poleas móviles son la grúa y la tirolesa o canopi.

Máquinas simples - Ruedas y ejes

El eje y la rueda es una máquina simple compuesta de dos objetos circulares de diferentes tamaños. La rueda es el círculo más grande y el eje es el menor. La fuerza se aplica a la rueda, que hace girar el eje. La rueda se mueve una distancia mayor, pero se ejerce más la fuerza sobre el eje giratorio. Los molinos de viento, las ruedas de bicicleta, los rodillos, la noria, los sacapuntas y los volantes son ejemplos de ruedas y ejes. Los engranajes son otra forma de rueda y eje.

Los engranajes entrelazan sus dientes. Cambian una fuerza de giro reducido a una más grande. Los engranajes también transmiten fuerza sobre una distancia.

Las dos cadenas de esta polea están elevando la carga, así que reparten la carga en dos. Cada cadena levanta la mitad del peso, facilitando el trabajo.

Cuando dos engranajes se conectan o engranan, el engranaje más grande, con más dientes, realizará más fuerza. El otro irá más rápido pero con menos fuerza.

Andar en bicicleta cuesta arriba es más fácil utilizando un engranaje, o marcha, de baja velocidad. El ciclista le da a los pedales a la misma velocidad, pero las ruedas giran más despacio. La fuerza de giro se llama **torque**. Los relojes, las bicicletas y los automóviles usan engranajes.

Máquinas compuestas

Las máquinas compuestas combinan dos o más máquinas simples. Bicicletas, relojes, licuadoras, abrelatas y autos son máquinas compuestas. Muchas de las máquinas que utilizan las personas diariamente son compuestas. Las máquinas facilitan el trabajo. Sin embargo, el trabajo que realiza una máquina es siempre igual al trabajo que se realiza sobre ella. Las máquinas usan fuerzas para hacer la vida más fácil y más conveniente. La gente usa fuerzas, energía y máquinas de distintas maneras.

CAPÍTULO SEIS

Usar las fuerzas y el movimiento

La energía es renovable o no renovable. Las fuentes de energía renovables incluyen la solar, la eólica, la geotérmica, la biomasa y la energía hidroeléctrica. La energía solar proviene del Sol. Paneles especiales absorben la energía luminosa del Sol y la convierten en electricidad. Las plantas también transforman la energía del Sol: cambian la luz solar en energía para crear alimentos.

La energía eólica es capturada por **turbinas** giratorias en los parques eólicos. El viento hace girar las aspas y la energía mecánica se transforma en electricidad. Esta energía depende de la fuerza y la constancia del viento.

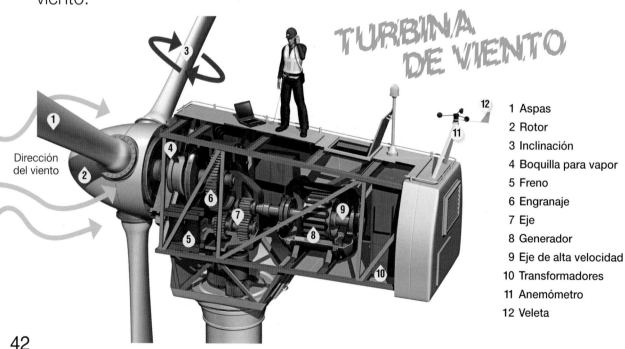

TURBINA DE VIENTO

Dirección del viento

1 Aspas
2 Rotor
3 Inclinación
4 Boquilla para vapor
5 Freno
6 Engranaje
7 Eje
8 Generador
9 Eje de alta velocidad
10 Transformadores
11 Anemómetro
12 Veleta

La energía geotérmica utiliza el calor profundo de la tierra. Las rocas y el agua calentadas muy por debajo de la superficie forman el vapor. El vapor sube mediante tuberías y mueve una turbina. Una turbina es una rueda con aspas y un eje conectado a un generador. El generador de inflexión transforma la energía del movimiento en electricidad.

Energía geotérmica

La biomasa es la fuente de energía de las plantas. Al quemar la leña de los árboles esta se convierte en calor. Los árboles pueden ser replantados. El maíz se usa para hacer etanol, un tipo de combustible. El aceite vegetal también puede ser utilizado para hacer combustible. Usando fuentes de alimentación para producir energía podría llevar a un alza de los precios de los alimentos. Ciertos materiales de desecho hacen biogás. Este proviene del estiércol, hojas en descomposición y otras materias vegetales.

Biomasa

La energía hidroeléctrica proviene del agua en movimiento. Las presas crean un lugar desde donde el agua puede caer. Este movimiento mueve una turbina que gira para transformar el movimiento en electricidad.

Energía hidroeléctrica

Las fuentes de combustibles no renovables son el carbón, el petróleo y el gas. Estos combustibles fósiles subterráneos se formaron hace mucho tiempo. La combustión de estos carburantes convierte la energía almacenada en calor.

La energía térmica proporciona calor y seguridad. La gente cocina alimentos utilizando energía térmica. La energía química proporciona energía en forma de electricidad o para cocinar alimentos. La quema de combustibles proporciona esta energía.

La energía eléctrica proporciona la energía necesaria para hacer funcionar aparatos electrodomésticos, herramientas, y luces. La energía nuclear proporciona energía para el hogar y también se ha utilizado para hacer armas nucleares y sistemas de defensa.

Consumo por fuente

Porcentaje de recursos energéticos usado

Biomasa
53%

Petróleo
37%

Hidroeléctrica
34%

Gas
25%

Carbón
21%

La energía de la luz puede calentar hogares, agua, o se puede convertir en electricidad.

La energía sonora mantiene a la gente a salvo. Las sirenas lanzan llamadas de advertencia desde camiones de bomberos o ambulancias, o emiten advertencias de tornado. La energía sonora nos proporciona entretenimiento. Al escuchar música, hablar por teléfono o tocar un instrumento utilizamos el sonido.

El mundo sería un lugar diferente sin las fuerzas de la naturaleza y el movimiento. Comprender las leyes que rigen el mundo permite a las personas entender mejor el mundo en que vivimos. La gente puede usar estas leyes predecibles para mejorar sus vidas y aprender más acerca de su propio mundo así como de otros mundos.

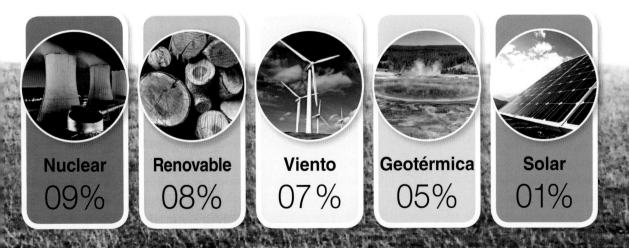

Nuclear	Renovable	Viento	Geotérmica	Solar
09%	08%	07%	05%	01%

Glosario

aerodinámica: estudia cómo fluye el aire

desacelerar: quitar velocidad a algo usando una fuerza

deformar: doblar, estirar o aplanar algo

electroimán: imán creado usando electricidad para mover partículas cargadas por un cable en espiral enrollado alrededor de un pedazo de hierro que deja de ser un imán si la corriente es desconectada

energía cinética: energía del movimiento

energía potencial: energía almacenada o energía de posición

filósofos naturalistas: antiguos científicos

fuerza: acción de empezar, parar o cambiar la forma o el movimiento de un cuerpo

fuerza centrífuga: tiende a alejarse del centro

fuerza centrípeta: tiende a dirigirse al centro

fuerzas nucleares: fuerzas creadas por los átomos y las partículas que los forman

fulcro: punto de apoyo fijo de una palanca

gravedad: fuerza invisible que mantiene al universo junto mediante la atracción entre los objetos

imanes: metales que atraen el hierro y otros metales mediante fuerzas o moviendo partículas

inercia: tendencia de un objeto de conservar su estado de movimiento o reposo

masa: cantidad de materia de un cuerpo

mecánica: estudio de las fuerzas y el movimiento

peso: fuerza que ejerce la gravedad sobre un objeto

resistencia: cualquier fuerza que se oponga al movimiento de un objeto

torque: fuerza de torsión

trabajo: cantidad de energía necesaria para que una fuerza cambie el movimiento de un cuerpo

turbinas: ruedas con aspas y un eje conectado a un generador que gira para producir electricidad

Índice

Sitios de la internet

www.teachertech.rice.edu/Participants/louviere/Newton/

www.eia.doe.gov/kids/

www.neok12.com/Laws-of-Motion.htm

Sobre la autora

A Shirley Duke le gustan la ciencia y los libros. Ella estudió biología y educación en la Universidad de Austin, en Texas. Luego, enseñó ciencia en escuelas primarias, secundarias y preuniversitarias durante muchos años. Su clase favorita eran las máquinas simples. Usando su formación en ciencia, cambió de carrera y ahora escribe libros para jóvenes. Además de un álbum infantil y un libro para adultos jóvenes, sus dos primeros libros sobre ciencias son *Usted no puede ponerse esos genes* e *Infecciones, plagas y enfermedades*, de la serie *Exploremos la ciencia*. Visita a Shirley en www.shirleysmithduke.com o www.simplyscience.wordpress.com.